JN436577

멈추지 않는 발걸음으로

국립중앙도서관 출판시도서목록(CIP)

멈추지 않는 발걸음으로 : 사진과 시의 동행 : 김해림 시사집 / 지은이: 김해림. -- 대전 : 오늘의문학사, 2014
p. ; cm. -- (문학사랑시인선 ; 29)

ISBN 978-89-5669-604-1 03810 : ₩10000

한국 현대시[韓國現代詩]

811.7-KDC5
895.715-DDC21 CIP2014008246

멈추지 않는 발걸음으로

김해림 시사집

오늘의문학사

서문

문을 열면, 세월이 흐를수록 하늘이 높아지는 것을 실감한다. 모든 것들이 나의 하늘이다. 높아만 가는 하늘, 그래서 점점 왜소해지고 한 점으로 변해가는 것을 느끼며 살아가는 게 사실이다.

사람 사는 일 힘차고 당당한 차림에 용기 있어야 한다고 하지만, 한 여름 소나기처럼 쏟아지는 물성 앞에 더욱 그러하다. 눈앞에 지나는 사물의 형태라 할지, 아님 개성을 사고하기 전 다른 사물의 영상이 그 위에 덧 씌워 복합 영상으로 일어나 혼란스러움도 있다.

그들의 떠남과 남음이 나의 머릿속에 몇 개나 남으려는지 많은 이야기들이 반복되기도 하고 오래도록 지워지지 않을 듯한 생각에 머물게 된다.

나로 하여금 남에게 나의 행동과 말이 타인의 가슴 속 잔상으로 오래 남을 수 있겠다 싶은 생각에 마음 편치 않을 때도 있음을 부정할 수 없다는 자성도 하고, 고희라는 이름이 어깨를 누르기에 하늘은 점점 높아만 간다.

남아있는 시간 속 눈앞에 스치는 것 아님, 귓불을 흔들고 지나는 소리들을 어떻게 해야할지 한 발 뒤에서 머뭇거리기도 한다.

울타리 안의 수빈이, 민서, 민성, 재백, 비견이 이쁜 짓이 눈에 삼삼하다. 그리고 맹미희, 최은주, 양순님, 며늘아기 셋 응원에 문철이, 준학, 준형이, 큰 울 안 가득함에 너무 고맙다.

나를 존재케 하는 좋은 이웃들이 참 많다. 특히 원고의 글을 조리 있게 엮어 책으로 나오기까지 물심양면 도와주신 오늘의문학사 리헌석 회장님께 감사드린다.

1부_ 함께 가는 마음

2부_ 모두 사랑해야지

3부_ 마음을 담아서

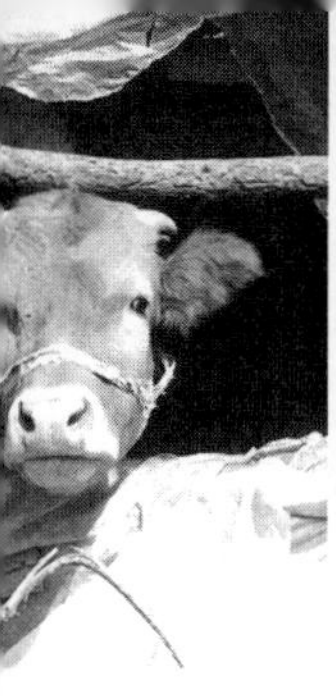
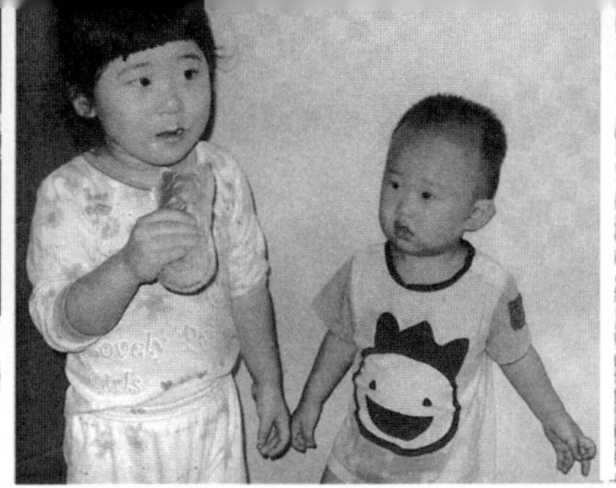

4부_ 세월을 되새기며

1부

함께 가는 마음

눈빛은 바람을 몰고 오데요

아침 눈빛은
바람을 몰고 일어난다

깊게 잠들어 있던 육신을
다독이며
꿈 속에
오색빛 환한 세상

손 안에 그려 넣어
만리장강 넘나드는 기공에
오월의 바람도
그렇게 불었지

그 많고 찬란하던 눈빛들
가는 세월 끌어안고
무상함을 벽오동에서나 알았을
이 가을도
눈바람에
서리 일찍 내리려나 보다

이름짓는곳
이름풀이해명
四柱 사주
手相 수상
觀相 관상
作名 작명
移徙 이사
이사택일
결혼택일
손금운세
재물운
결혼운
이사운
1000원

들녘에는 · 1

숨통이 멎는다는 중복이다
불볕을 모르는 바랭이들은
멀리에 있는 입추 날을
알 수 없다

한바탕 소나기
지원군에 힘 얻어
더욱 기세등등한
새파란 풀잎들은 장막으로 두르고

괭이자루 무서운 줄 모르고
시퍼런 눈으로
달려드는 모습에
동공은 이리저리 피해 다닌다

들녘에는 · 2

함박 웃음 소리에
가슴 열어젖혀
푸른바람 넘실대는 산등성이
파란 파도가 된다

들녘에 쏟아내는
맑은 숨소리는
하늘에 올라
지구를 몇 바퀴 돌아올테니

생각만 해도
살아있어 발자국 내딛는
즐거움이
벅차오르는 활화산인 것을

켜켜이 쌓여있던
진록들이
바람결에
흔적도 없이 사라진다.

들녘에는 · 3

저녁 노을
얇은 구름 낀 하늘가에
엉겅퀴 한 무더기
자주색 단장으로
이 밤을 누구하고 보내려는지

뉘 찾아가는 발걸음이기에
목소리 들어
알아들을 법한데도
나래짓에 마음 뺏겨
동공은 과녁이 되고

해지는 줄 모르는
꾀꼬리
가슴 열어 제껴놓고
숨 멎은 들녘에
몇 마리 물새 더 섧게 운다

잔아 박물관

— 김용만 부부

부부 얼굴이 닮아
목소리 곱기도 하다
야트막한 삼부능선 양지 바른 곳

내 민족에 애틋한 정 품어
한 모금 물에 숨길 트이듯
셀 수 없이 많은 땀방울에 조형물
옆구리 끼고 동가숙 서가식 삶

시상 떠오름에 교감하는
한 줌 흙으로 빚어내는
내조의 손길로 빛나는 황금 손

전생에 하지 못했던 업
한 얼 기풍 담은 좋은 작품과
기록물들 눈이 번쩍
푸른 꿈 펼치는
아름다운 전당

독백

염천의 하늘에

오만가지 색깔들

제 자랑이다

뽐어내는 입김

너무 아름답다

천부天賦

여린 질경이들
한무리 옹기종기
미풍이 지나가는 길목

그림자 조차도 보이지 않게
얼마의 세월이 흘렀을까

작은 이파리들
다닥다닥 붙어
보듬고 지난 그를 기다린다

널찍한 잎들이
한 시절 하늘 올려다보며
어렴풋 바람의 얼굴을 그린다

가끔 흔들리는 마음

바람에 흔들리는
나뭇잎은
기억하지 못한다

설령 기억한다 해도
주고받은 정이 너무 작은 탓에
빗물처럼 흐를 뿐

수많은 잔상 위에
바람이 흘러도
기억 속은 깜깜하다

근원을 찾아

생명들 각기 다른 모습
탄생되는 걸 보면
경이로움에 삽질을 멈추고
또 다른 잉태를 기도한다

온갖 진귀한 것들 속에
나의 발걸음도 함께
바람따라 햇볕에 녹아들어
후끈거리는 열기

목청 다듬어 존재 알리는
나래짓과 몸짓까지도
어디 하나 나무랄 데 없는
행위의 눈빛들

귀를 쫑긋 세워
근원 찾아 오르면
발길이 멈추어지는 곳
떠남과 남음의 분기점이다

침잠

낮의 열기를 잠재우는 달빛
모든 이들에게
조용히 이르는 듯
구름에 살짝 가려져 있다

어느 만큼 시간이 지난 뒤
높이 올라
하얀 빛을 내는 그의 얼굴
마음을 다듬고 지나간다

천차만별
분화되어가는 것들 올려다보며
두 손 모아
벼랑 끝 경계선을 탄다

감자꽃 여인

끝자락에 감춘 여린 마음
꽃잎 속살은 자주색
엷은 연분홍 바탕
봄 햇살에도 쑥스러워 얼굴 하얘지고
파리가 앉은 자리에도 예쁜 볼은
피멍으로
그래도 오래도록 기억에 남는 것은
많은 세월들이 그를 놓아주지 않기에
더더욱
장마가 눈앞에 다가오는 것 알고 있는 듯
감춰진 알들에게 귀띔이 바쁘다
때맞추어 목쉰 꾀꼬리는
감자 얼굴 보려고 조석으로 노래한다
세상은 함께 살아가는 것이라고.

아름다움이라는 것이

이것저것 모르는 철부지들
오지랖 넓은 덧옷에
바지를 입었는지 벗었는지
민둥다리로 세상을 활보한다

자연으로 돌아가려는 듯
이 가을에 하나씩 벗어 던지는
속이 점점 비어가는 것도
무소유인가

시절 탓이라지만
모방에 찌들어 가는 세속에
명품도 모자라
짝퉁까지도 빈자리로 남는다

그래서 세상은 조화로움 속에
아름다움으로 남는가
그들의 얼굴에서
내일을 본다

바람과 함께

푸른 하늘 가
건듯 부는 바람 끝에
몇 알의 감이 매달려 있다

철이 바뀌는 이 계절의 물내림
살아 있는 생명들
바람소리 함께 아우성이다

탄력없이 부서져
고운 얼굴 제 모습 아닌 듯
지난 날 되돌아 보며
고통스러운 생채기다

처절했던
삶을 뒤돌아 보며
어디로 갈 것인지

함께 가는 마음

졸졸 흐르는 냇물에도
그를 지탱하는 웃음이 있나보다.

두런두런 여유를
영글어가는 파란 마음으로
조용히 흐르는 모습 지키는
곧은 심지 속웃음 깊숙이 있나보다.

점점 자라는
우람한 체격에 별 그림자까지도
품어보는 따스함
찰랑찰랑 흔들림으로 자랑하는 강물

진정 너는 우리들 앞에 먼저 간 발자국
반짝반짝 빛나는 눈망울
순진무구한 모습
또다시 눈을 비벼본다

떡

기억이 없다

살을 에는 듯한 바람 일면
마디마디 곪아오던 아픔이
일순간 모두 일어선다

비탈길도 무섭지 않은 듯
휘 하고 지나는 바람에
아우성 치는 이파리들

붉은 저녁 노을에
재잘대는 들새에 시달려
수수대궁은 키만 껑충하다.

그 눈빛
어디로 갔는지
기억이 없다.

부정父情

떨림의 현상은
변하지 않음을
말하지 않았던가

점점 멀어지는 심상이
허상인 듯 보이고

많은 것들이
회귀본능의 얼굴로
잊혀지는 발자국

뱀사골에서

처절한 울부짖음의 그림자를 외면하던
찔레꽃 바람은
남아 있는 자들에게
가시만 앙상하게 돋아있는 눈빛으로
세상을 보게한다

수많은 영혼들이 더듬는 골짝에
어디엔가 숨을 쉬지 못하고
나뭇잎에 묻혀 있을 것 같은
메아리 깊은 계곡

순환의 햇살
오르내리는 발자국 생각하며
나의 가슴에 이름표를 달아본다

핵가족

뽀얀 갈대 흔들리는 걸 보면
피가 있으면서도
핏기 없는 색깔로
갈대밭을 누비는 발자국

더 많은 피가 고여지기를 바라지만
점점 핏줄이 가늘어져가고 있다
잎새들 서걱거리는 소리에
귀 기울인다

백로를 지나며

낮아진 햇살에
영글어가는 세월이
또다른 인연으로
한껏 멋을 내고

창밖에 스치는 바람
옥수수 대궁이 잎사귀 다스리느라
소리없는 흔들림은
다소곳한 분홍빛 수염을 매만진다.

골골이 심어놓은 귀뚜리
풀벌레 함께 저녁 노을 다듬어
서편 빛에 내 마음도
무릎 세워 턱을 괸다

존재한다는 것

긴 여울 따라
눈을 내려뜨고
어디까지 간다는 내색도 않고

푸섶에 등 기대고 서서
하늘 한번 보고

색이 살아있는 복숭아 꽃잎
오랜 여정에 시달린 듯
옮기는 발걸음

보름이 훨씬 지난 우중에
가족을 몇이나 두었을까

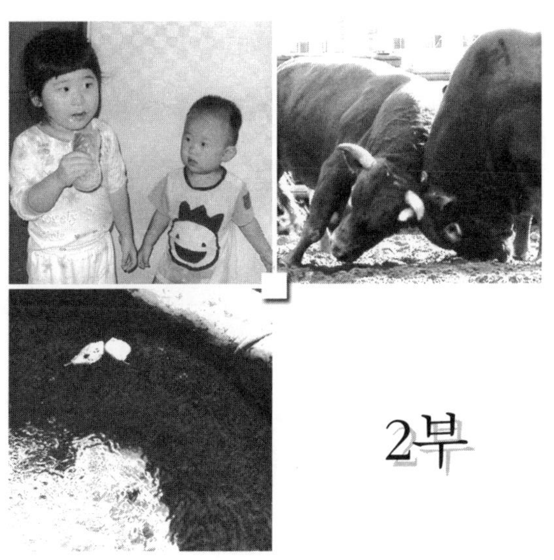

2부

모두 사랑해야지

삶이라는 것이

선달 찬바람에 붉은 눈빛이었다.

주위의 훈훈한 바람에도
마음의 불기둥을 다스리지 못하고
떠나야 한다는 속내를 알고
스스럼 없이 사지를 내 맡기고는
네 마리 장정 개미와 삽과 괭이 함께
비탈길 오르는 능선 양지바른 곳
곡괭이와 삽의 소리는 펄펄 뛴다.
이승을 보내야 하는 마음을 아는 듯
어느 세월의 봄날에
나뭇꾼은 가느다란 눈빛으로 떠나며
입었던 옷들이 육신을 찾아 헤매는 풍경을 보며
소문은 발자국을 남기고
안 주인은 여우가 드나드는 대문에
머리를 들이밀고 이승의 소식을 알린다.
찬바람 가시지 않은 정월쯤이라며
널찍한 돌을 주워다 빗장을 만들어 놓고
오랜 세월 흐른 뒤 그의 그림자도 없다

아뿔싸!

흔들림이 많은 숲속은
새들과 다른 생명들의
천국인 것이 자유로움이다

그 끝자락에 언제적 부터인지
저잣거리 콩밭은
사기꾼과 허방다리가 많아
손사래로 유언이 되어 내려온다

이웃사촌들 함께
아름다움에 마음을 두고
기웃거리며
눈치 살핀 부리놀림

고고한 자태와 청빈함이어야 한다고
힘주어 말하는 뜻 청맹이 되어
현란함에 취한 채 맡긴 몸
때 늦은 후회에 눈자위 붉어진다.

여운의 자리에

화려함을 자랑하며 흔들리는 불빛은
네온사인뿐이 아니다
간극으로 눈길을 멈추게 하는 것도 있다

검은 눈동자에
붉게 빛나던
어제의 모습이 잔상으로 흔들리고

강렬함을 말하려는
푸른빛 희망

가장의 면모를 지키는
흔들리지 않는
맑은 빛의 미래를 그리기도 한다

오방색이 열고 닫는 화려함은
네온사인만큼이나
우리들 앞에 자주 나타난다

모두 사랑해야지

고운 눈빛에 손짓은 부드럽고
속살 드러내는 웃음을
폭포수처럼 쏟아낸다.

자잘한 눈높이 능선 우거진 나무들
그들의 얼굴에 환한 모습은
또 다른 산등성이 감아 돈다.

냇물 소리에 한 장단 흘러넘치고
골짝을 훑어 내리는 경운기 소리도
한 몫을 단단히 하는 가락으로
주인은 춤꾼이 된다.

점점 크고 우렁차게 들리는
개구리 연주회
한낮 뙤약볕에 달구어진 은사시
반짝반짝 손뼉에 바람 소리의 두 장단

밀양
햇감자

신기루의 얼굴

거울을 들고 보면
반듯하고 아름다운 것만
가득히 빛난다

양팔 들어 뒤를 돌아보면 또 다른
나의 얼굴들이 함지박 가득
담겨져 있는
깨질 듯 관통하는 마음을
화살처럼 쏘아본다

뒷면은 여전히 까맣게.

얼굴 · 1

변화하는 것들
하나 둘이 아니다
몇 마리 씨암탉
일년 내내 새 생명 낳아 놓고

뒤돌아보고 내려보기를
한 해를 넘긴다
미명에 숨소리를
어찌할 줄 몰라 하는 눈빛

손길이 분업화되어 가는 세상
그들은 알을 수북이 쌓아도
온기를 넣어 품을 줄 모르는
사랑이 있어도 감성이 없는 사회

사람 태어남도 공장에서
양육은 또 다른 곳
부모사랑 모르는 사회가 다가옴을
아니라고 할 수 없는 오늘

한숨이 팔도를 넘나들 것 같다.

얼굴 · 2

늦은 밤 창밖에
주황색 불빛을 내는 가로등 비 맞으며
아무렇지도 않은 듯
지나는 자동차 행렬을 내려다보는

눈이 오는 듯 흰나비 되기도 하는
가랑비에 몇 개 남지 않은 은행잎
그들과 다른 삶이라고 돌아 앉아
깊은 밤으로 몰아가고

상생하는 조화를 알 수 없는 나는
빗물 가르고 지나는 소리에 취해
동공이 풀려
타인일 수밖에 없다

Lovely
Girls

무리 속에

맑은 눈빛으로 두 팔 벌려
하늘 향하는 몸짓
볼 때마다 아름다운 꽃망울이라고
모두는 탄성이다

어릴 적부터 남다른 색깔
주변의 것들 앞서가는
예사롭지 않은 모습에
눈길 떼지 못하고

점점 무리지어 남의 허리 감아 돌아
창공을 뚫을 듯한 기세
많은 것들의 원성을 한 몸에 받아
삶을 살아가는 그들

장맛비에 너울너울 흔들리는
그들의 앞날을 생각한다.

저녁 햇살에

산그림자 만든는 저녁 햇살
무겁게 가라 앉는다
지나온 삶인가
얼굴이 새삼스럽다

안과 밖의 표정이
굳은 심지를 자랑할 셈인가
시시로 변하는 것들
아랑곳않는 마음도

여일한 그의 속내를 알 수 없어
애태우기만 하는
골목길 어스름
아이들 몰고 어디론가 간다

존재의 미

찰나의 시간이 멈추어 선 곳
수억의 꺼풀들
벗기고 벗기며 우리들 앞에서
속살을 드러낸 모습

긴긴 여울목을 건너오며
살아온 안쓰러움의 상처
누구의 손길이라 말할까

그윽한 눈길에 조용함을 더하고
이정표도 없는 갈래길
원시림처럼 우거진 숲속
자잘한 생명의 몸부림 소리 가득
발길 멈추고

나무속 심장을 더듬어 내듯
억겁의 세월 이야기

어떤 되새김

간절한 마음으로
소나무 보는 일은
어두움이 지나고 난 뒤의 일이다

그들의 얼굴에
푸른 바람이 흘러들어
동화되어 가는 되새김질

마음속 꿈을 펴
백년을 기약하는 속내
단걸음에 대성산 자락을 찾고

월이산 닮은 듯
자중과 과묵을 앞세워
터줏대감이 되어간다

반야바라밀

세상은 찰나에 머문다.

외발 높이 들어 올려보지만
숨 두 번 참기도 어려운 것

우리 삶이 사상누각이라
새삼 마음에 새기는 것

밝은 눈빛에 어리는 불립문자
진정한 하늘길로 나선다.

뭉게구름

하얀 한 무리
산마루 넘어가며
내려다보니

붉은 입술 자랑하는 너의 모습
멀리 촘촘히 박힌 은하수 건너 오는
별빛만큼이나 멀어보이지만

해 지면 없는 듯 보이는
그들의 눈빛이
우리들 얼굴인 것을

내일밤 안녕을 노래한다

산촌에는

오색빛 다른 얼굴들이
수억의 시간을 감아올린다

누군가와 약속이라도 한 듯
두 팔 벌려 분칠하고 연지 바르는
산그늘 길게 드리운 촌락

주인 얼굴 그리는 다래끼 하나
오래된 기억 속
아슴한 모습으로 남아있다

퇴색되어 가는 몸둥이
가족들 하나하나에 정감 넘치던
이야기들

모두 떠나고 남아서
한 팔 남짓 기둥이 친구다

내려보니

보라색 가운데 빨강
노랑꽃 속에 연둣빛
한 터에 어우러진 꽃밭
봉접을 초대손님으로
더욱 아름다운 풍경으로 남는

각기 다른 색깔들이 한바탕 어우러진
모습에 다물지 못하는
입을 바라보고
덩달아 가슴을 열어 재킨다

태어남의 본성을 알고
풀잎에 작은 이슬방울보다도 더
짧은 생을 소진하는 일이라는 것을
알고 있을까

누구 원망없이 환한 하늘을 바라보며

미로

널다란 식탁에
무얼 담았는지
작은 컵 하나 조용하다

건장한 남성이
컵 속에서 발성 되는 무음을
음미나 하는 듯
머리를 깊숙이 묻고
양 무릎에 손을 가지런히
올려놓고
코가 닿았다

얼마의 시간이 흘렀을까
미등으로 바뀐 거실
마음이 구만 리나 달리는지
머리 들지 못하고
그 밤을 어찌했을까

말복날에

장마 끝자락인가 싶게
풀벌레
휘장을 내리는 소리에
더위가 목을 딴다

나뭇잎 흔들림을 기다리는 속 뜻은
바람 한 점 살갗을 간지럽히는
순박함이 묻어나기를
태고적부터 기다림이 아니던가

지열이 후끈거리는 대지
속살은 풍요로움을 자랑삼아
달개비 닮은 목숨들

가끔 구름 걷힌 하늘
푸른 물감 풀어 놓은 것이
뭉텅뭉텅 짤려 나가는 세월을 보며
오늘 하루 아쉽다

순환의 계절

고운 눈길 받으며
보드라운 흙살에 뿌리 하얗게
연미색 이파리
어느새 봄의 가운데 섰구나

가녀린 줄기 모판에서 성년이 되어
가마 타고 낭군 찾아
잘 다듬어진 들녘
비바람 땀 함께 곳간 채워

수줍은 듯 머리 숙여
부풀대로 부푼 마음 고생
도타운 손길 기다림에
이 가을도 들녘은 물들어간다

땀에 절은 베잠뱅이 햇볕에 녹아
밑천이 드러난다
무슨 상관이랴
탈곡기 소리보다 웃음소리가 더 크다

군무에 취한 억새

우리들 마음을
설레게 하는 것은
눈빛이 교차되는 것뿐이 아니다

가파른 곳을 단숨에 올라
강한 눈으로
아래를 내려다보는 후련함도

높은 바위 의자에 앉으려고
민둥산에 억새를 밟으며
가슴 졸이는 일도 설레임이 아닌가

검붉은 듯 땀에 젖어
자랑하는 모습
본래 억새풀인 듯하다.

계절

하나 둘 제자리로 돌아온다
잉잉대던 바람소리
못들은 척 그렇게 그렇게
보내더니

봄비 머리에 이고
조용한 가슴 슬며시 펴 보이며
꽃잎 한가득 품어 환한 미소
온 세상 웃음 소리에

백 리는 달릴 듯한
느티나무 여린 가지들
연둣빛 치장에 힘찬 몸짓으로
유백색 싸리꽃 덩달아 춤사위 한 판

살아 있는 것들
칠보색으로 빛나니
눈빛들이 요란하다

격전지에서

다부동이라는 이름
칠백리 낙동강가 모랭이
오곡이 풍요로운 금싸래기 땅
하늘을 쳐다보는 고른 숨결

욕심 앞세운 그들의 기운이
지축을 흔들어 많은 영혼들 잠재워
아직도 깨어나지 못하는 곳

영혼들의 눈빛을 내려다 볼 수 있는 곳
법당을 지어 부릅뜬 눈 달래주는
천도의식도
땡볕 속에 땀의 의미를 더한다

그들의 발길 속 음성
철길 양 옆 푸른 물길 속에서
고향 부모를 찾는 함성 소리

3부

마음을 담아서

삶

하루살이처럼 부지런한 놈 또 있을까
태어나며 세상 이치를 알아채고
작다 하더라도 고운 날개
나름의 세계를 휘젓는다

그들을 보며
백년 앞을 올려다보는 우리는
나래없이 세상을 평정하는 일
만만한 것도 아니다

하늘의 뜻 알아내려
사방에 촉수를 세워보지만
떴다 지는 해에 그림자 속을
벗어나지 못해
그들의 무리가
우리들 얼굴에 닥쳐올 때
한사코 손사래 저을 수 없는
온갖 몸짓

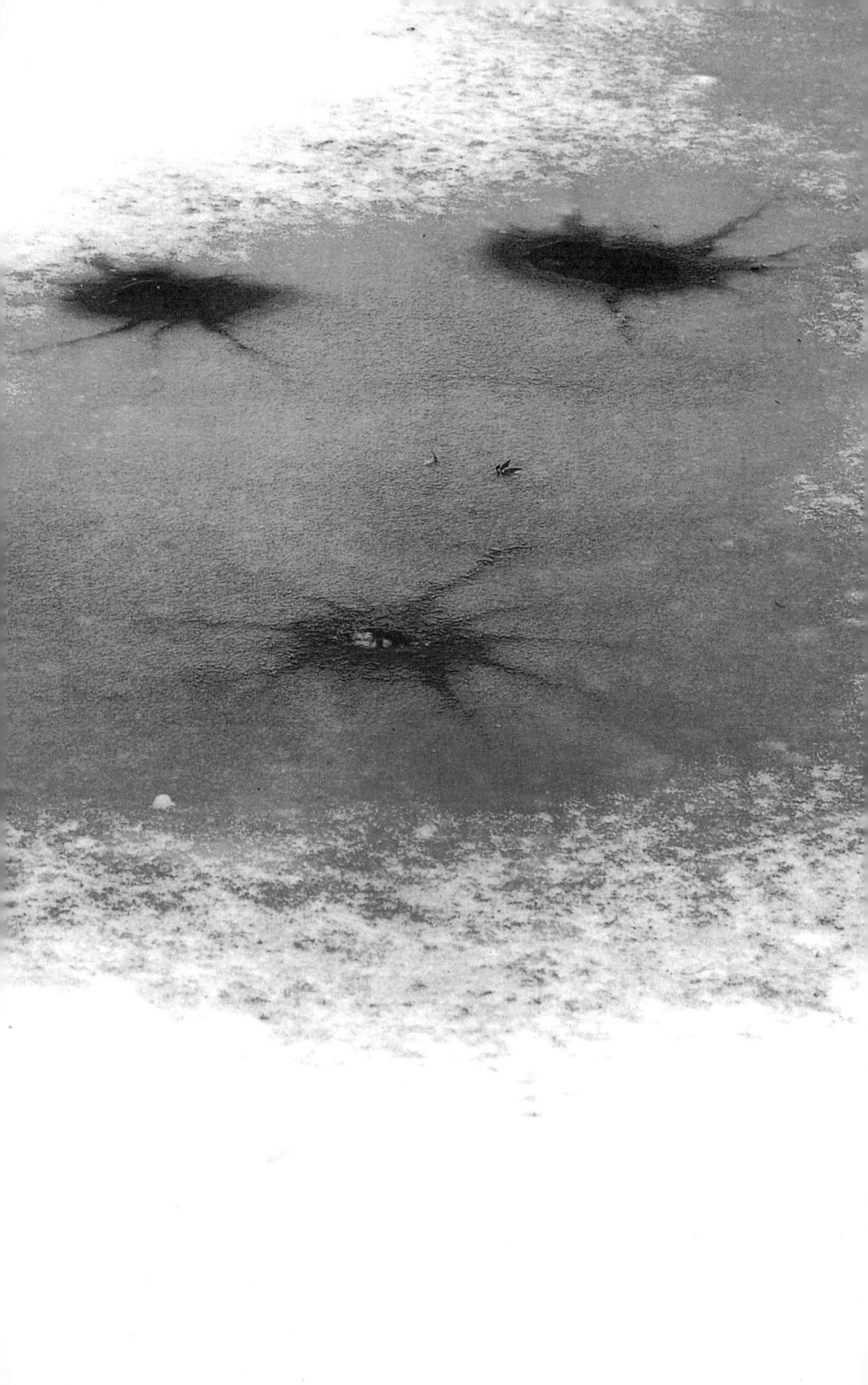

정사正思

초겨울 어스름에 저녁 예불
조용 조용한
목탁소리
개여울에 살았다

휘휘하는
바람소리 들으니
대웅전 마당에서
누구인가 염불 하나보다

늙은 부처
법당에서 허둥허둥
솔바람 타고 뒷산으로 오르는 듯
사위는 조용해지고

삶에 뿌리들이
어느 것 하나 흔들리지 않는다

공양미 있습니다

영시의 안방역

여명 시작 전부터
안방역은
연료와 윤활유 또다른 기능
점검의 시간

부산해지는 마음 준비
덩달아 전깃불까지
깊은 잠 들지 못해
피곤함 속에 깜박깜박

이웃집은 왠일인지
만 하루를 머물다 도착했는지
골목은 시끄르
단단한 준비였건만

역내의 잡다한 일들 속에
사고 없음을 바라는 마음
떠남은 돌아옴의 약속이다

둠병

가을 약속하는
물줄기 모아두는 곳
누구의 손길인지
그의 이력이 없다

아비의 말인 즉
논배미는
고조할비 때부터
조상을 모시는 봉답이라

나날이 변화하는 이 시대
맞지않는 모양새이지만
구전으로
몇 대의 자손들이 손과 삽을 씻고

설 지나면
경칩이 하늘에 흰 구름 함께
또다른 손님으로
한자락 농요를 들려주는 공연장

골목길

짚불 타는
검은 세월이 풀풀 날으는 새벽녘
서산에 달을 걸어본다

섣달 설한풍
골목길 잠 들지 못하고
뒷산 동편에 가린 휘장
조금씩 걷히면

늙은이 초저녁잠 세상을 평정하고
하얀 밤 뒤 발자국
여명을 일으켜 세워가면
멀리서 견공이 알아보는 듯

누군가의 숨결 다듬은
보폭을 보고
그림자를 생각하며
신발 끌린 자국에 눈길 떼지 못한다

은행나무

마음을 담아서

푸른 바람에 살가운 몸짓
하늘을 바라보는 철쭉꽃

멀리서부터 달려와 안기는
곰살맞은 여린 햇볕은
간지럽기도 한데

향에 취한 나비는
햇살이 내려주는 정에
저녁나절쯤 흔들리는 발걸음
마음은 어디쯤일까

일렁이는 마음

좋은 햇살이다
행복한 하루는
고통을 함께하기 마련이다

그 중 욕망을 위한 발걸음
배부르다
많은 것들이 수저와 젓가락에서

타의에 젖어 지느러미 춤추는 모습에
이면의 삶을 보며
숨소리도 듣는다

더 높은 행복을 위해서라면
누군가의 숨결을 머뭇거리게 해야한다
한 발 뒤에서

수족관에 휘둥그런 눈빛
쿵쾅거리는 가슴은
고향으로 향한 마음일까

여름날 밭에서

젊은 바랭이들이
시퍼런 칼날을
앞세우고

허리 구부러진
노인네
눈빛을 노려본다

숨죽이고
“이놈들을 어찌할까?”
달구어진 하오

흰구름 소묘

한 줌 흐르는 구름에도
생명이 있는 것을
힐끔 눈길 주고는
없었던 것처럼 발길 옮긴다

그들이 존재했던 긴 시간 속에
우리가 머물러지는 곳
큰 그릇인데도
타인이라는 미명으로 돌려 세우고

존재를 위해 타인을 부정하는
오늘의 세태
영혼이 담긴 그들에게
보답은 무엇일까

가슴은 차치하고라도
그의 얼굴 한 뼘도 모르고
내일의 안녕을 기원해 보지만
수시로 변화하는 것들에 마음이 머문다

얼굴 한 번 더 보자

빨간 벼슬이 핏기 없이
반으로 구부러져 하얘졌다
눈빛은 살아
조용하고 부드러운 목소리로
넉넉한 마음 전한다

가벼워진 몸뚱이
종이 한 장 무게도 되지 않을 듯
손안에 안겨 퍼득이는 몸짓
뽀얀 가슴털이 모두 빠졌다

새끼 지키려는 몸부림에 놀란 생명들
군더더기 없는 맑은 소리 삐약삐약
다른 가족들이 부동의 자세로
사랑의 눈길 듬뿍 보낸다

스무 하루 동안 어미와 교감을
함께 하는 대명 천지에
얼굴 한 번 더 보자

풍경 · 1

야트막한 뒷산에서
아래를 내려다보면
주인 닮은 지붕이 보이고
영면함이 묻어나는
밭 사래들이 골골이 하늘을 올려다본다

언제부터인지 철따라
바뀌어가는 색들을 보면
이랑과 이랑 사이에
확연히 다른 삶의 모습

앞서간 것과 뒤처진 모습들이
풍상을 맞는 오늘에
서로를 위안으로 삼아 삼동을 앞두고
또 다른 안녕을 기원한다

풍경 · 2

손과 발을 앞세워
머리 들어 이리저리
기웃거리며
눈망울이 바쁘다

보일 듯한 반쯤의
그 너머 너머에
동경 속에나 있을 것 같은
나

존립에 의미를 찾으려
입술을 모아 휘파람 날려보면
어줍잖은 소리가
목젖에 걸린다

입술은 내려지고
소리는 이내 멈추어 선다
주위는 조용해져
또다른 생각들이 밀림처럼 살아난다

풍경 · 3

발자국 옮길 때마다
숨소리는 달라지는 것
오늘 뿐이겠는가

지나온 세월들 앞에서
동동일 때마다
가라앉아 있던
진한 액이
숨길따라 목젖을 통과한다

삼복을 지나는 태양의 열기 앞에
심층은 얄팍해져
연신 헛기침을 한다

너희들은 모른다
팔월에 가슴 달구어지는 이치를
한 톨 한 톨 속앓이 속에
잉태되어 가는 것을

독백

높은 곳을 향한
일편단심
남의 등 타고 오르며
먼 곳을 올려다 본다

여기서 얼마나 될까
센 바람이 아니라 할지라도
미풍만이라도 가려 준다면
지척이련만

하고 많은 세월
태어난 자리 벗어나지 못하고
주위 맴도는 것 보면
자자손손 그 얼굴이다

쿵쾅이던 가슴 속
뜨거운 열기
시나브로 흐르더니 나는 없다

영혼의 침묵

스산한 바람은 더러
흰구름 동반자 되고
산등성이 감아돌며
갈색 물감 퍼나르고

회색빛 한 무리 새떼
냇가 물줄기 훑고 지나는 곳
갈대는 우우
깃을 내리라 한다

떠남의 몸짓은
돌아온다는 강한 약속인 것이
훈풍을 기억하고 있기에
희망을 남기고

삼동을 보내는
숨쉬는 모든 것들은
가벼운 몸으로
영혼을 잠재우고 있다

푸섶에는

한 뼘 뿌리로
세상을 본다
화려하지 않지만
넉넉한 눈빛으로

아니 반 뼘도 되지 않는 얼굴로
세상을 본다
한 자락 그늘 밑에서

그것도 크다
손가락 닮은 쬐끄만 것들이
한 무리로
바다를 이룬다

그들은 누구의 이름으로
이 땅에 왔을까
함께 하는 이곳에
만생 만사에 뜻이라면
그들은 무엇인가

산더덕

영혼들의 함성

존재감을 드러내는 일
숨소리 들어 보면 안다
뒤척이면서
끊임없이 잠꼬대 하는 일

속내음 품어내는 입김 속
세월 흐름에
이를 갈며 잠을 자듯
팔을 내젓기도 한다

지난날 회한들
그를 놓아주지 않는 것이
함께 하는 동반자의 곰살스런 살림들
마땅히 누울자리 하나 없이

낮게 흘러도 왜소한 마음
당당해져야 함에도 발길 멈추어진
외돌아진 풍경들이
영혼들의 안식처인가

소-코뚜레를 보관하면
재앙을 물리치고
뜻하는 모든 일을
소원 성취한다.
삼재가 들어왔다.
보관하시면 꼭 좋은일이있다.
꼭 올해 삼재를 물리치는
<해,묘,미>
※임대, 매매 건물에 보관하면
※영업집(식당),사무실에 보관하면
기와 복을 돌려받아 재복이 들어 상업이 대성한다.
※A.P.T 입주(가정)집에 보관하면
※결혼 못하신 분 보관하면
좋은 인연 만날것이다.

첨병들

귀뚜리는
꼼짝 않고 조용히 바라보다
촉수를 흔들며 돌아서서는
소식을 전한다

신호음을 깨끗하게
추분이라는 절기 앞에
어디론가 보내려는 마음
솜털을 세우지 않았던가

풍미하는 자연 앞에
다리를 곧추세운 바쁜 걸음
파란하늘 높이에 있는 누군가에게
보내는 것인지

쉬지 않고
속내를 드러내며
심성을 자랑한다
멀리 있는 하늘이 알아볼까

방아깨비들의 노래

너도 밤나무 옆에
나도 밤나무가
낫을 들고 섰다

가끔 골짝 아래서
시원한 바람이
휘적 휘적 올라오면
발목을 잡아 주저앉힌다

한낮 조용한 햇살
한줌 심장 박동도
조용히 흐른다

그나마 흔들리는
나뭇가지들에 걸려
집에 가자고 보챈다

오월의 하늘

땡볕 속에
흰구름 한 떼
창공에 깨끗함을 더한다

푸른 하늘 올려다 보고
마음이 닿을 수 있도록
징검다리 놓듯이

높은 곳을 향한
눈빛과 마음이 한가득
푸근함을 보인다

모든 이들이
하나씩 하나씩 쌓아 올리는
삶의 모습을 하늘은 말없이 내려보고 있다

손가락 입술 가에

진달래꽃 속살에
그렁그렁 고인 물방울이
그 마음을 아나보다

흔들릴 듯 기우뚱거리는
간지럽게 지나는 바람
그 마음을 아나보다

한바탕
쏟아내릴 듯한
두근두근 가슴 목젖에 닿은 듯

분홍빛
볼테기에 머금은 사랑이
물보라 일렁이는 것처럼

머언데서 부터 오는 손님 맞는
눈빛까지도 바빠져
볼우물 붉어진다

4부

세월을 되새기며

발걸음을 옮기며

4월의 아침 햇살 은은한데
저승으로 보내는
상두꾼 애간장 녹이는 요령소리
보는 이 숨이 멎는다

소리에 취한 안 노인네
담뱃대 단걸음을
오색 단장한 상두꾼 발걸음을 보고
참 곱다 침이 마른다

백발 에미 앞에 떠나는 자식 보일 수 없어
동네마실 사흘을 울력으로
앞서가는 발걸음은 타인이거니
지금도 그 아들은 객지에서 떠돌려나

언제쯤 꽃상여를 탈 수 있을까
손꼽아 보지만
인연이 끝나는 대로 떠나는지라
누구도 모를 일이다

세월을 되새기며

풀밭 풀벌레처럼
나의 넋과 혼이라 생각하며
제상 머리 음복술에
점점 깊어지는 상념의 미로

“그래,
좀 쉬어가자.”
한 숨 몰아쉰다.

앞서 간 많은 사람들도
높은 곳
저 별들만큼이나
많은 사연을 안고
삶의 숲길에서 물레를 잣는데

가슴 깊은 곳에서
세월을 잣는 조용한 목소리
“좀 쉬었다 가자.”

세태

세파에 시달리며 살아온 노인
등 굽은 허리로
너른 논배미에 나락을 제압하려는
피를 보며 눈을 꿈쩍인다

손아귀 힘 빠진 피 마른 몸뚱이로
그의 목 조르는 일 겁내하며
뙤약볕 논두렁에 서서
중얼중얼

더운 바람에 살랑거리는 핏줄기 잎새가
비웃기라도 하는 듯
흔들리는 몸짓을 보며
껑충한 키 자랑이다

피를 뽑아 뿌리가 하늘을 올려다 볼 때
승리감이 가득할 테지만
팔을 걷어올리고
옆구리에 낫을 끼고 논배미에 들어선다

맙소사

어두움이 몰려오기 시작하면
사람들은 하나 둘
어디론가 떠난다

밝은 세상을 찾으려고
손에 손잡고
옛이야기를 나눈다

작은 바늘 구멍에서
흘러드는 빛 있다는 것을
그것이 뜻이라 너도나도 모여든다

그래서 어둠은 가시지 않는다.

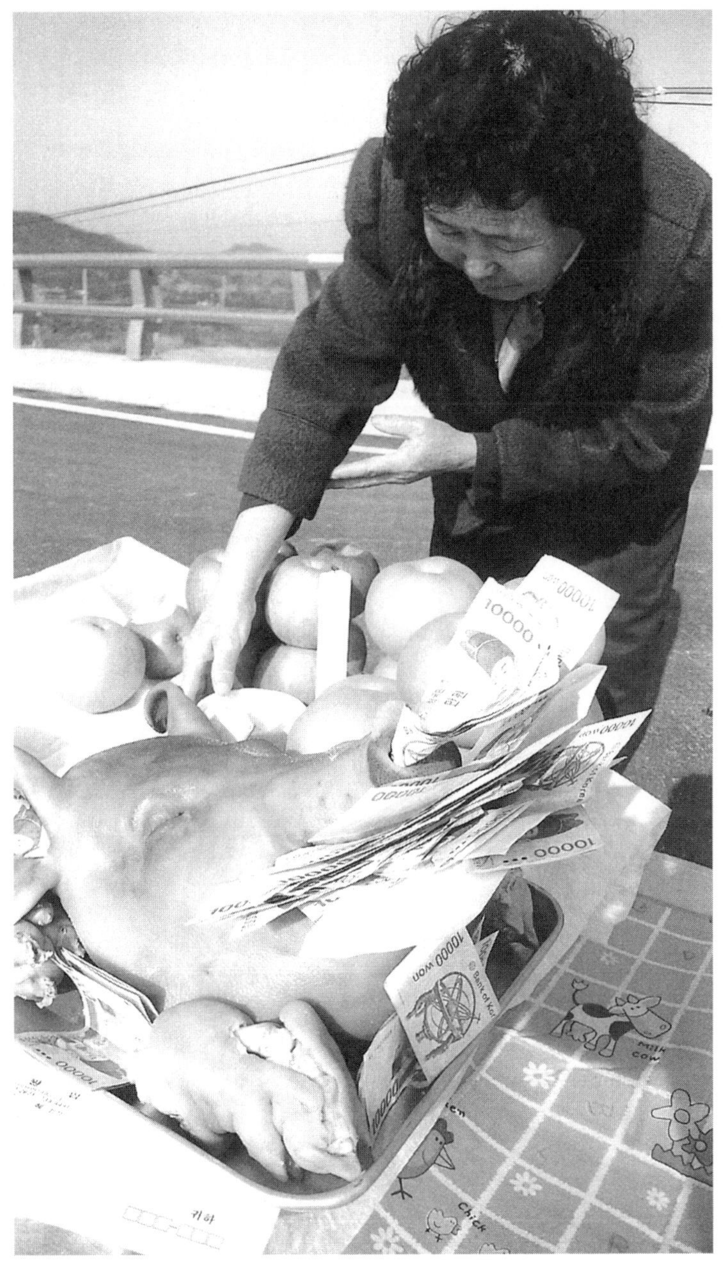
10000 won

숭고한 정신

— 황순원 문학관

굴욕의 날 일깨워 호롱불 아래
한 뜸씩 소리없는 집념 불태워
말과 글 함께
암흑에서 얼마의 고통이었을까

대항의 손길 미력한 한민족
숨길 멎어 하늘만 바라보던 시절
밤낮 턱을 괴고 항일 굳은 의지
누구를 원망할 수 있을까

아름다운 영혼을 불러 세워
초근목피 삶을 영위하며
청초한 이슬처럼
오늘을 있게 한 소나기 작가 황순원님

끝이 보이지 않는 발걸음들
조용하고 엄숙한 미래의 주역
마음속 되뇌이는 모습
백의민족 안방에 빛남이 가득하다.

이색지대 異色地帶

열사의 나라처럼 찜통하우스 속
전자앰프 춤사위에 맞추어
포도 열매도 덩달아 흥얼거린다고

미수의 노부부 코 흘리개 함께
귓속 고막은 꽹가리 통 된다
밤과 낮을 구별하지 못하는 스위치는
멍텅구리인 것을

쓴맛 단맛에 세상 물정 알고 난 뒤
입술에 침 바르듯
구겨진 마음 다독이는 눈빛으로
허리에 팔을 괴고 우두커니

젊음을 자랑하는 소리는 온종일
포도와 노인 마음이
어떤 색깔로 익어갈까

그들의 생각에

뿌리 멀리까지 간 듯
굵은 둥치에 장막을 드리운 것처럼
더위를 머뭇거리게하는
넓은 그늘

나름의 생을 위해
철따라 촌각을 다투며
무럭무럭 자라는
자잘한 감정들

높이 자란 느티나무
잎새들이 세상을 내려다보는 곳에
편린들이
촘촘하게 흔들린다.

하나씩 보내며

하얀 머릿결로
긴 밤 지새우는
이 밤도 하얗다

언제부터인가
담장의 나팔꽃 봉선화 채송화
하나씩 떠나던 날부터

불면인가
가족 보내던 사립문 밖에서
시나브로 꽃대궁이 서는 것을 보면

뒤척이는 이불 속으로
생각이 들락날락
먼동도 하얗다

NH
옥천소식
도전은 계속됩니다.

금지된 곳

하얀 선을 그어 놓고
타인의 발을 주시하는 동그란 눈
괜한 심술이 난다

너와 나의 관계 속에
아름다움을 수시로 확인하면서도
사선으로 빗댄 마음
먼 발치에서도 보인다

언제부터 존재해 왔는지
알 수 없는 굳센 의지로
마음까지 묶어놓고
사랑을 노래한다

한 뼘의 오차도 용납않는
오늘의 세태에
많은 사람들은 점점 더많이
금줄 밖으로 밀려난다

순환

태초부터 떠도는
나그네여
어디쯤이신가
걸어온 길 까마득한데
아직 종점은 멀었는가

숨가쁘게 재촉하는
순례자여
고통스런 산고의
고비를 몇 겁이나 넘겼는가

별빛을 추모하며
좀 못 이루는 밤
어디쯤에서
하늘을 보았는가

현실의 끝자락에서
누구의 얼굴이 보이던가
필연 아니면 우연이라 할지라도
빛의 들러리라도 나래를 펴보렴

섣달 스무엿새날에

누워야만 보이는 하늘
섣달 설한풍에
나는 없다

깊숙히 뿌리만 숨죽이고
건듯 부는 바람을 주시한다

오락가락 하는 것들
때되면 부딪치는 것들이라고
엷은 미소를 보내지만

어디엔가에서 기척을 알리는
콧김에 훈훈한 바람
누워야만
그래야 보이는 하늘

귀는 어디에

당신의 작은 눈망울 속에
어제 오늘이 아닌
천년의 빛이 숨쉬는 것을

다문 입 새천년의 희망을
말 하려는 듯 미소는
발길을 멈추게 하고

생의 스친 인연을 아쉬운 듯 보내고
이승의 아름다움은 또 다른 인연으로
대지는 푸르름을 더한다

금강변에서

강줄기 따라
한 모랭이 돌면 마을 하나 또 하나
입구에 당산 모시는 초막집,
할머니 손잡고
꿈을 가꾸던 초립동이 벌써 고희(古稀)다,

고샅을 누비던 발걸음들
마을을 뒤에 두고 하나 둘 떠날 때
상두꾼은 잠시
요령을 흔들며
인생 허무를 다시금 목청 돋우면서
상주 불러 세워
가는 분 앞에 불효를 아뢴다.

눈물짓는 호곡(號哭), 그 상주의 어깨처럼
한없는 흔들림이
마을 사람들의 심금까지 울린다.

안개

작은 구름은 말할 것도 없이
그것들을 감싸고 있는
큰 산에도
채웠다 비웠다 하는 안개

속살을
비워내게 하는 그것이
바람 끝에 몰려 와 미로를 만든다

보이지 않는다고 마구 버리는
발걸음은 아니된다
되뇌이지 않았던가

한 모롱이부터 벗겨지는
조금씩 발자국이 보인다
아무도 모를 것 같던
안개속 미로

연민

뒤뜰에
오동잎 활짝 피워내는 나무 둥치는
좋아라 밤 내내 손뼉 소리
귀가 따가워
잠을 이룰 수 없다

휘— 하는 것이
찬바람이 아니라 하더라도
잎사귀 흔들리기만 해도
덜컹 하는 가슴을 조이는 오동나무

한 시절 풍만했던
기억을 잊을 수 없는 것도
무수한 나날을 보내며
보고 들은 이야기들

연약한 몸뚱이로
삼동을 지나는 깊은 의미를 아는
그는 여린 잎사귀에게
단단히 일러 서릿발을 알려준다

멀리서 오시는

날렵하게
매화꽃잎을 매만지고
저만큼 미끄러지는
바람

지난해에도 왔을 테지만
소리없이 찾아오는
새로운 얼굴
사람들 마음에 안겨 놓고

아래를 내려다보는
환한 눈빛들이
초롱초롱
손에 손잡고 머리 들어

나의 얼굴에도
스쳐 지나는 듯
가슴 두근거리는
봄

가로등 하나

따가운 햇살이 서산을 기웃거리는 저잣거리
광대들의 무희와 음담,
지나는 길손들 갈 길 백리
한바탕 삼천리 홍 돋구는 눈매와 북소리

관객들 눈치 살펴 엿뭉치 하나씩
댓 명의 꾼들은 나름의 화장과
짧은 치마로 멋들어진 여장의 목소리

몸부림치는 자들의 숨소리
어깨에 힘이 얹혀져 들썩이고
눈꺼풀은 무거워져 오는데,
모두들 박수와 환호의 그 눈빛들
세월의 부대끼며 살아온 감동의 목소리
한 무리 오늘 저녁.

어디쯤에서 머무를 것인지
가로등이 하나씩 마음의 불빛을 켠다.

단밤
단밤

나팔꽃

천사들이 산다는
하늘나라로
이슬 받아 새벽마다 단장하며
연보라색 행진곡 속에
가슴 펴는 그들을 보면

아랫세상 저잣거리
아옹다옹 치맛자락들이
비싼 듯 싸구려로
모방을 해보지만

어림없는 눈빛으로
올려다 보기에는
부끄러운 일이기에
나팔꽃 자태는 더욱 아름답다

벽

호박씨 큰 한 줌
미명의 세상에서
눈을 뜨지 못한다

마땅히 앉을 곳도 갈 곳도 없는
주렁주렁 매달린
가족들 얼굴을 보며

이리저리 발길 옮겨
새로운 인연으로
삽 들어 한 자락 덮는다

새 생명, 태양을 보며
무지갯빛 세상
환한 웃음으로 손짓한다.

구도자

자잘한 뿌리들 모른 척 상처 내며
새 인연에 새 흙을 찾아
떠나는 관상수

새로운 이웃에
나의 존재 알리려 안간힘을 쓰다가
끊긴 아픈 상처
보듬는 마음의 혼란스러움도 함께한다.

먼저 자리한 것들
시샘의 눈빛을
한 몸으로 받아 넘겨야 하는
또 다른 아픔도 품어낸다.

오랜 세월 한자리에 머물러
생을 마치는 넉넉한 삶
시공을 초월한 구도자가 아닌가.

《발문》

고희(古稀)에 세운 서정의 지탑(紙塔)

―김해림 시인의 11시집 발간에 붙여

문학평론가 리 헌 석

(사단법인 문학사랑협의회 이사장)

1.

바람이 몹시 불던 날, 김해림(본명 김기영) 시인을 만났습니다. 어떤 바람에도 흔들리지 않을 것처럼 진중한 그였는데, 문학지에 수록할 원고 1편을 들고 사무실을 들어서는 얼굴에는 걱정스런 표정이 역력하였습니다. 권하는 커피 한 잔을 받아든 시인은 의자에도 앉지 않고 급하게 커피를 마셨습니다.

"이렇게 바람이 센 날은 걱정이지요. 하늘을 보아하니, 비가 내릴 것 같아요. 바람에 비까지 내리면 다 익은 포도가 걱정입니다. 1년 농사 다 버리지요."

서둘러 포도밭으로 출발하는 시인을 배웅하며, 자신의 삶을 충실하게 가꾸는 아름다운 자세를 보았습니다. 그는 대전에서 생활하면서, 충청북도 옥천군 이원면의 밭과 논에서 포도 농사를 짓는 분입니다. 태어나고 자란 고향에 대한 향수와 애정이 지극하여, 공직에서 물러난 뒤 고향에서 농사를 짓습니다. 그의 포도밭은 시내의 둑과 닿아 있고, 그 시내를 건너면 바로 고향마을입니다. 그 포도밭의 각지에 농막(農幕)과 창고를 넓게 지어놓고 작은 독서실을 꾸민 시인을 보면서, 농사만큼 시를 사랑하는 내면을 만났습니다.

회갑 즈음의 어느 날에 만난 김해림 시인은 포도덩굴이 노쇠하여 작목을 바꾸어야겠다고 하였습니다. 그 후에 가보았더니, 포도밭이었던 곳에는 금강송(金剛松), 반송(盤松) 등 소나무 묘목이 자라고 있었습니다. 시인은 소나무를 가꾸며 푸른 희망에 부풀어 있었습니다. 사시사철 푸른빛으로 자라는 소나무를 보면서, 고희(古稀)를 맞은 그의 세월을 유추해 봅니다.

바람에 흔들리는
나뭇잎은
기억하지 못한다.

설령 기억한다 해도
주고받은 정이 너무 작은 탓에
빗물처럼 흐를 뿐

수많은 잔상 위에
바람이 불어도
기억 속은 깜깜하다.

—「가끔 흔들리는 마음」 전문

이 작품은 독자에 따라 해석과 감동이 다를 것 같습니다. 〈바람에 흔들리는/ 나뭇잎은/ 기억하지 못한다.〉는 서두에서 그의 흔들리지 않는 시심을 만납니다. 새 잎이 돋아나서 가을 낙엽이 될 때까지 바람에 흔들리지 않는 날은 없었을 것입니다. 시시때때로 찾아와 흔드는 바람에 일희일비(一喜一悲)한다면, 그 삶이 얼마나 고되었을까 유추해 봅니다. 가끔은 세게 부는 바람으로 인해 기억에 남아 있을 때도 있겠지만, 그것은 잠시뿐, 그 아픔은 빗물처럼 흘러내리게 마련입니다. 그리하여 일상의 바람은 나무의 중심에 기억을 남기지 않는 존재입니다.

이 작품은 나무와 바람의 관계를 노래하고 있지만, 사실은 시인 자신을 비롯한 불특정 인물의 비유로 나무가 등장하고, 삶에 훼방을 놓은 객체의 보조관념으로 바람이 등장합니다. 우리의 삶에 크고 작은 바람은 수시로 불어오게 마련이고, 이런 바람을 통해 마음을 비우며 묵묵하게 살기를 추구합니다. 이는 과묵한 성격의 시인이 추구하는 삶의 지향으로 보아도 좋을 것입니다.

2.

고희(70세)가 되는 2014년 2월 말의 어느 날에도 김해림 시인을 만났습니다. 자주 만나지만, 용건을 간단하게 전달하고 나면 밭으로 향하던 그가 의자에 앉아 천천히 커피를 마십니다. 반가움으로 앞자리에 앉아 세상 돌아가는 이야기를 나누었습니다. 그는 고향에 있는 초등학교 모교(母校)가 폐교되어 다녀왔다며, 참으로 쓸쓸한 표정이었습니다.

“입학할 아이가 없어 학교 문을 닫는다고 합니다. 마지막 졸업식인데도, 학생과 학부모들은 졸업을 축하할 뿐, 슬퍼하는 사람이 보이지 않아, 더 슬펐습니다. 정말 모교가 없어지는 데도 관심이 없었습니다. 나는 가슴이 먹먹하여 학교의 이곳저곳을 카메라에 담아 왔습니다."

생각해 보면 부처님이 말씀하신 '생로병사(生老病死)'도 자연의 이치입니다. 사람이 태어나서 여러 일을 하며 늙기도 하고, 혹은 병으로 고생도 하게 마련입니다. 그러다가 언젠가는 이 세상을 떠나게 되어 있습니다. 그래서 우리는 생자필멸(生者必滅)을 인지하고 있으면서도 헤어짐을 슬퍼합니다. 때로는 성자필쇠(盛者必衰)를 알고 있으면서도 병들거나 늙는 것을 서럽게 생각하기도 합니다.

시인도 어느덧 고희(古稀)에 이르렀습니다. 젊은 시절에 모교의 폐교를 경험하였다면 지금처럼 가슴이 먹먹하지는 않았을 수도 있습니다. 이와 같이 예민해진 정서에 의해, 고향의 상사(喪事)를 맞아 특별한 의미를 작품에 담습니다.

강줄기 따라
한 모랭이 돌면 마을 하나 또 하나
입구에 당산 모시는 초막집,
할머니 손잡고
꿈을 가꾸던 초립동이 벌써 고희(古稀)다,

고샅을 누비던 발걸음들
마을을 뒤에 두고 하나 둘 떠날 때
상두꾼은 잠시
요령을 흔들며
인생 허무를 다시금 목청 돋우면서

상주 불러 세워
가는 분 앞에 불효를 아뢴다.

눈물짓는 호곡(號哭), 그 상주의 어깨처럼
한없는 흔들림이
마을 사람들의 심금까지 울린다.

—「금강변에서」 전문

김해림 시인의 고향 마을은 '대전' '충남' '충북'을 관류(貫流)하는 금강(錦江)의 지류(支流)와 인접해 있습니다. 그 강줄기를 따라 낮은 산이나 언덕의 한 모롱이(모랭이는 사투리)를 돌아가면 마을이 나오고, 다시 돌아가면 또 마을이 나옵니다. 마을 입구에 당제(堂祭)를 지내던 초막이 있는데, 어릴 때에 할머니 손을 잡고 지나던 곳입니다. 세월이 흘러 어느새 시인도 고희가 되어 있습니다.

마을의 고샅을 오가던 사람들이 떠난 고향마을의 어느 분이 작고하셨습니다. 상여를 인도하던 상두꾼이 요령을 흔들면서 "인제 가면 언제 오나!"를 비롯하여 인생의 허무를 외칩니다. 그러다가 상주를 불러 상여 앞에 세우거나 절을 하게 합니다. 그러면 상주는 큰 소리로 호곡(號哭)을 하거나 오열하면서 불효를 고합니다. 애통함으로 흔들리는 몸짓을 보면서 마을 사람들도 슬픔에 젖습니다. 이를 통해 독자들도 자신의 경우를 되돌아보게 되고, 동질의 슬픔을 경험한 독자들은 물결처럼 밀려드는 감동의 전이를 체험하게 됩니다.

풀밭 풀벌레처럼
나의 넋과 혼이라 생각하며
제상 머리 음복술에
점점 깊어지는 상념의 미로

“그래,
좀 쉬어가자.”
한 숨 몰아쉰다.

앞서 간 많은 사람들도
높은 곳
저 별들만큼이나
많은 사연을 안고
삶의 숲길에서 물레를 잣는데

가슴 깊은 곳에서
세월을 잣는 조용한 목소리
“좀 쉬었다 가자.”

—「세월을 되새기며」 전문

건강하게 농사를 짓는 시인이지만, 연륜(年輪)에 따른 애상적 정서는 필연으로 보입니다. 풀밭의 풀벌레 울음소리에서 ‘나의 넋과 혼’을 직관한 시인은 제사를 지내고 음복술을 마시며 깊은 상념에 젖습니다. 쉬지 않고 열심히 살아온 인생에 대하여, 혹은 살아오면서 겪은 삶의 희로애락(喜怒哀樂)에 대하여 생각할 여유를 찾습니다. 그래서 〈그래/ 좀 쉬어가자.〉고 스스로에게 주문을 합니다. 제사는 앞서 간 분들을 추모하는 일입니다. 그 분들마다 하늘의 별들만큼이나 많은 사연을 지녔을 터이고, 그분들의 업적을 추모하면서 찾아낸 '삶의 진리' 역시 〈좀 쉬었다 가자〉 입니다.

농사를 짓는 일은 생각보다 힘든 일입니다. 살아 있는 생물을 돌보고 가꾸는 일이어서 자연의 여러 요인들과 씨름해야 합니다. 그 중에서 잡초와의 관계는 거의 전쟁입니다. 애초에 우리가 농사를 짓는 땅의 주인은 잡초였을 터입니다. 잡초가 번성하던 땅을 사람들이 빼앗고, 사람들의 이기적 선택에 의해 작물을 가꾸기 시작한 것이지요. 시인은 이러한 관계를 작품에 옮깁니다.

> 젊은 바랭이들이
> 시퍼런 칼날을
> 앞세우고
>
> 허리 구부러진
> 노인네
> 눈빛을 노려본다.
>
> 숨죽이고
> '이놈들을 어찌할까?'
> 달구어진 하오.
>
> — 「여름날 밭에서」 전문

밭농사를 지을 때 가장 억센 잡초가 '바랭이'입니다. 이 풀은 밭이나 둑, 길섶 등에서 자랍니다. 다른 풀이 밀생해 있으면 벼처럼 하늘로 서기도 하지만, 대부분 땅 위를 기면서 퍼져 나갑니다. 특히 땅에 닿은 마디마다 새로운 뿌리가 자랍니다. 뽑아 놓아도 땅에 닿은 마디에서 새로운 뿌리가 다시 돋아 되살아나기 때문에 농민들에게는 귀찮은 존재입니다. 그 젊고 싱싱한 바랭이가 농민에게 항의하듯이, 날카로운 잎을 세워 허리 구부러진 노인의 눈을 노려봅니다. 그 상황에서 농민은 〈이놈들을 어찌할까?〉 갈등을 하게 됩니다. 무더운 여름의 오후에 밭에서 잡초를 제거하는 상황을 〈달구어진 하오〉로 정리합니다.

이렇게 인식하는 것이 이 작품의 바탕입니다. 그렇지만, 비유와 상징에 의해 이 작품은 세대 간의 갈등으로 승화되기도 합니다. 시인은 젊은 바랭이들이 벼잎처럼 시퍼런 칼날을 앞세우고 저항한다고 하였습니다. 이 '젊은 바랭이'를 '젊은 사람들'로 환치하면 놀라운 비유가 됩니다. 이런 작품 창작 경향이 바로 김해림 시인의 문학적 자산이기도 합니다.

3.

영국의 극작가 버나드 쇼는 〈나이 먹는 것을 두려워하지 말라. 걱정해야 할 일은 나이 먹을 때까지 여러 가지 장애를 뛰어넘는 일이다.〉라는 명언을 남겼습니다. 노인들이 넘어야 할 장애는 여러 가지가 있을 터이지만, 최근 경향으로 보면 '자신의 일'을 갖고 활동하는 것으로 귀착되는 것 같습니다.

우리의 삶은 젊은 시절의 원심력에 의하여 새로운 세상으로 퍼져 나아갑니다. 그리하여 각자의 위치에서 자신의 세상을 경영합니다. 많은 세월이 흐르면서 삶의 업적을 수성(守城)하려는 구심력이 확대됩니다. 그렇지만 어느 정도 연세가 높아지면, 이 구심력까지 내려놓고 싶은 허심(虛心)에 이르고, 그 바탕에서 문학의

새로운 지평을 열어갑니다. 김해림 시인의 최근 작품에서 이처럼 마음을 비우려는 시도들이 자주 나타나는데, 허정(虛靜)의 경지를 지향하고 있습니다.

> 세상은 찰나에 머문다.
>
> 외발 높이 들어 올려보지만
> 숨 두 번 참기도 어려운 것
>
> 우리 삶이 사상누각이라
> 새삼 마음에 새기는 것
>
> 밝은 눈빛에 어리는 불립문자
> 진정한 하늘길로 나선다.
>
> —「반야바라밀」 전문

고희를 넘기면서 시인은 삶이 '찰나'라는 인식을 하게 됩니다. 두 발로 굳건하게 땅을 딛고 살아온 세월도 힘들었을 터이지만, 한 발로 땅을 딛고 외발을 높이 들면서 '숨 두 번' 참아내는 것처럼 짧은 게 인생입니다. 평생을 두고 살아온 '삶'에서 찾아낸 애상과 허무를 그는 〈사상누각(沙上樓閣)〉에 비유합니다. 그래서 이러한 깨침을 〈새삼 마음에 새기는 것〉이 그의 지향(志向)으로 작용합니다. 이렇게 욕심을 버리면 '밝은 눈빛'을 갖게 되고, 그 눈에 어리는 불립문자(不立文字)를 통해 진리에 이릅니다.

고희를 맞아 발간하는 김해림 시인의 11번째 시집을 감상하면서, 밭에 엎드려 잡초를 뽑거나, 포도 덩굴에서 덧난 가지를 잘라

내거나, 충실하지 않은 열매를 솎아내는 일처럼, 아름다운 문학세상을 가꾸는 시심에 놀랍니다. 푸른 소나무를 가꾸듯, 소망 또한 싱그럽게 가꾸는 그의 서정에서 청정한 감동을 맛봅니다. 특히 비유 · 상징 · 비약(飛躍)으로 격조 높은 작품을 빚어냅니다.

그의 순정무구(純正無垢)한 시업(詩業)에 박수를 보내며, 앞으로 그가 열어갈 감동적 문학 창작을 기대합니다.

멈추지 않는 발걸음으로

김해림 시사집

발 행 일 | 2014년 3월 25일
지 은 이 | 김해림
발 행 인 | 李憲錫
발 행 처 | 오늘의문학사
출판등록 | 제55호(1993년 6월 23일)

주　　소 | 대전광역시 동구 삼성1동 125-6 한밭오피스텔 401호
전화번호 | (042)624-2980
팩시밀리 | (042)628-2983
홈페이지 | http://www.lito77.co.kr(홈페이지)
전자우편 | hs2980@hanmail.net

공 급 처 | 한국출판협동조합
주문전화 | (070)7119-1741~2
팩시밀리 | (031)944-8234~6

ISBN 978-89-5669-604-1
값 10,000원